stayinspired.official
www.stayinspired.de

ISBN: 978-3-98595-888-7

2023 Stay Inspired!

Versand und Vertrieb durch Nova MD
www.novamd.de · bestellung@novamd.de · +49 (0) 861 166 17 27

Bilder: ©ms Julia Nova / shutterstock, ©Padma Sanjaya / shutterstock,
©DODOMO / shutterstock, ©GW3ND0LIN / shutterstock,
©kazumi miyamoto / shutterstock

Printed in Czech Republic

Haftungsausschluss

Die in diesem Buch enthaltenen Informationen und Ratschläge
stellen die Meinung bzw. die Erfahrung der Autorin dar und
wurden von ihr nach bestem Wissen erstellt und geprüft. Dennoch kann keine Garantie
übernommen werden und sie bieten auch keinen Ersatz für die Einholung eines
medizinischen Rates sowie für Behandlungen durch einen Arzt oder eine Hebamme.
Im Falle einer Erkrankung und/oder bei Auftreten von Beschwerden und/oder
sonstigen negativen Reaktionen ist deshalb unbedingt ein(e) Arzt (Ärztin) des
Vertrauens aufzusuchen.
Eine Haftung der Autoren oder des Verlages und seiner Beauftragten sowie aller
Personen, die an diesem Buch mitgearbeitet haben ist für Personen-, Sach- und
Vermögensschäden ausdrücklich ausgeschlossen.

Bauch
Glück

Schwangerschaftstagebuch

Inhalt

Termine

Herzlichen Glückwunsch!	11
Vom Gefühl zur Gewissheit	12
Der Test ist positiv!	15
Der Baby Countdown läuft ...	16
Der Geburtstermin	17
Kalender für wichtige Termine	18
Der erste Termin beim Frauenarzt	41
Die erste große Ultraschalluntersuchung	61
Die zweite große Ultraschalluntersuchung	105
Die dritte große Ultraschalluntersuchung	149

Die Schwangerschaft

Vom Gefühl zur Gewissheit	12
Der Test ist positiv!	15
Erster Monat – 1. bis 4. SSW	27
Zweiter Monat – 5. bis 8. SSW	35
Dritter Monat – 9. bis 12. SSW	49
Vierter Monat – 13. bis 16. SSW	67
Fünfter Monat – 17. bis 20. SSW	83
Sechster Monat – 21. bis 24. SSW	99

Siebter Monat – 25. bis 28. SSW 117
Achter Monat – 29. bis 32. SSW 135
Neunter Monat – 33. bis 36. SSW 155
Zehnter Monat – 37. SSW bis das Baby da ist! 173

Wissenswertes

Lebensmittel, die jetzt verboten sind! 28
40 Wochen – 3 Trimester 29
hCG ist zum Kotzen! 42
Tipps gegen Übelkeit 43
Baby-Flitterwochen oder Wochenbett 178

Checklisten

Baby-Erstausstattung 122
Es wird Zeit die Kliniktasche zu packen 140
Checkliste fürs Wochenbett 179

Formalitäten

Die Suche nach der besten Hebamme 38
Wohin zur Entbindung? 106
Der Nachwuchs braucht einen Namen 144

Formalitäten vor der Geburt 166
Formalitäten nach der Geburt 196

Die Geburt

Der Geburtsplan	128
Du bist da!	193
Die Geburt – So wars ...	199

Ideen & Anregungen

Bucket List für Schwangere	73
Wünsche und Pläne für das Kinderzimmer	88
Bucket List für Mamas	205

Wertvolle Erinnerungen

Einmal in die Zukunft geblickt	54
Ein Brief an dein Baby	160
Mama Handabdruck	194
Baby Handabdruck	195

Momente, die das Herz bewegen

Herzlichen Glückwunsch!

♥

Es wartet eine aufregende Zeit auf dich, in der unglaublich viel passiert. In dir wird ein neuer, kleiner Mensch heranwachsen, mit seinen eigenen Wünschen, Träumen und Erwartungen. Vielleicht macht dir diese Verantwortung ein wenig Angst, aber lass dich nicht verunsichern, gib dein Bestes und schenke diesem kleinen Baby all deine Liebe, damit hast du bereits alles richtig gemacht.

Dieses Tagebuch, speziell für die Schwangerschaft hilft dir, diese besondere Zeit festzuhalten. Der erste Ultraschall, der erste Tritt oder die erste Wehe.

*Lies jede Woche etwas über den Entwicklungsstand deines Babys und freue dich über seine Fortschritte. Es warten jede Menge spannende Wochen auf dich.
Außerdem enthält dieses kleine Büchlein viele nützliche Checklisten und praktische Tipps, damit du beruhigt und gut informiert deine Schwangerschaft genießen kannst.*

Vom Gefühl zur Gewissheit

Deine ganz persönliche Geschichte ...

♥
Schwanger
(Foto)

Der Test ist positiv!

An diesem Tag war dein Schwangerschaftstest positiv ...

_____

da warst du bereits in der ...

☐ **Woche!**

Diesen Menschen hast du es erzählt ...

_____
_____
_____
_____
_____
_____
_____
_____
_____

Der Baby Countdown läuft ...

1	2	3	4	5	6
7	8	9	10	11	12
13	14	15	16	17	18
19	20	21	22	23	24
25	26	27	28	29	30
31	32	33	34	35	36
37	38	39	40	41	42

Der Geburtstermin

*Babys kommen wann sie wollen,
trotzdem ist der errechnete Geburtstermin
ein magisches Datum.*

Dein Baby-Termin

Deine Gedanken, wenn du an die nächsten Monate denkst ...

Wichtige Termine!

1. SSW	
2. SSW	
3. SSW	
4. SSW	
5. SSW	
6. SSW	
7. SSW	
8. SSW	
9. SSW	
10. SSW	
11. SSW	
12. SSW	
13. SSW	
14. SSW	
15. SSW	
16. SSW	
17. SSW	
18. SSW	
19. SSW	

20. SSW	
21. SSW	
22. SSW	
23. SSW	
24. SSW	
25. SSW	
26. SSW	
27. SSW	
28. SSW	
29. SSW	
30. SSW	
31. SSW	
32. SSW	
33. SSW	
34. SSW	
35. SSW	
36. SSW	
37. SSW	
38. SSW	
39. SSW	
40. SSW	
41. SSW	
42. SSW	

Ich
bin
bald
eine
Mama

Platz nur für dich ...

*Ein Foto vor
der Schwangerschaft*

Erster
Monat

Wenn
aus
Liebe
Leben
wird

1. bis 4. SSW

*Der erste Monat geht meist unbemerkt vorbei.
Etwa in der dritten Schwangerschaftswoche findet die
Befruchtung statt. Eizelle und Spermium verschmelzen und
die Magie beginnt.*

*Die Eizelle teilt sich erst in zwei Zellen, dann in vier, in acht
und so weiter. Um weiter wachsen zu können, nistet sich
die befruchtete Eizelle in der Gebärmutter ein. Sicher und
geschützt entwickelt sie sich nun rasant weiter und fängt
an, das Schwangerschaftshormon hCG zu produzieren.
Jenes Hormon, das ab einer gewissen Konzentration auch
der Schwangerschaftstest misst.*

*Dein Baby ist noch kleiner als ein Sandkorn und nur mit
dem Mikroskop sichtbar, dennoch sind jetzt schon alle
vererbbaren Eigenschaften festgelegt: Augenfarbe, Haare
oder Nasenform.*

Lebensmittel, die jetzt verboten sind!

- Rohes oder unvollständig gekochtes Fleisch wie Salami oder roher Schinken
- Roher Fisch wie Sushi, Austern, Muscheln
- Rohmilch und Weichkäse
- Rohes oder nicht ausreichend erhitztes Ei z. B. in Desserts
- Alkohol
- Übermäßiger Konsum von koffeinhaltigen Getränken wie Kaffee, Cola oder Energy-Drinks
- Ungewaschenes Obst oder Gemüse

Außerdem solltest du vor der Einnahme von Medikamenten (auch nicht verschreibungspflichtigen) sicherheitshalber einen Arzt aufsuchen.

40 Wochen
3 Trimester

Deine Schwangerschaft wird etwa 40 Wochen dauern und in drei Trimester unterteilt.

1. Trimester: 1. SSW bis 12. SSW
2. Trimester: 13. SSW bis 28. SSW
3. Trimester: 29. SSW bis zur Geburt

Dabei wird der erste Tag deiner letzten Periode als Tag 1 deiner Schwangerschaft gezählt, auch wenn du da eigentlich noch gar nicht schwanger warst. Ist deine Periode überfällig, bist du daher schon in der 5. Woche schwanger.

Gerechnet wird in Schwangerschaftswochen (SSW). Es beginnt bei Tag 1 und zählt dann Woche für Woche weiter, bis dein Baby auf der Welt ist.

Das klingt anfangs vielleicht etwas verwirrend, ist aber die übliche Methode, um zu errechnen, wann dein Baby wahrscheinlich auf die Welt kommt.

Aus zwei Herzen wird eins

Platz nur für dich …

Mein Babybauch
(Foto)

Woche   Bauchumfang

Zweiter
Monat

5. SSW
*Dein Baby ist schon so groß
wie ein Sesamsamen!*

5. bis 8. SSW

Dein Baby wächst nun rasant, es bildet sich das Grundgerüst für Hirn, Herz, Lunge und Knochen. Ab der sechsten Woche schlägt sogar schon das kleine Herz.

Und auch dein Körper stellt sich auf „Schwangerschaft" um, schon jetzt kannst du die ersten Anzeichen spüren: Müdigkeit, häufigeres Wasserlassen, Übelkeit, sowie ein Spannungsgefühl in den Brüsten. Außerdem schicken deine Hormone dich auf eine wahre Gefühlsachterbahn.

Es wird Zeit für den ersten Termin beim Frauenarzt. Bei diesem Termin wirst du gründlich untersucht und darfst dein Baby das erste Mal im Ultraschall sehen. Außerdem bekommst du deinen Mutterpass, in dem dein Arzt alles Wichtige festhält, daher solltest du ihn immer dabeihaben. Du kannst dich jetzt schon nach einer Hebamme umschauen. Sie kann dich bei all deinen Fragen unterstützen und dir wertvolle Tipps geben.

Jetzt gehts richtig los...

Deine ersten Schwangerschaftsanzeichen?

_____
_____
_____
_____
_____
_____
_____
_____

Wie geht es dir mit dem Gedanken, schwanger zu sein?

_____
_____
_____
_____
_____
_____
_____

Happy Moment

2.

Wie sehr freust du dich?

_____
_____
_____
_____
_____
_____

Die Suche nach der besten Hebamme

Hebammen bieten eine umfassende Betreuung für Schwangere und frischgebackene Eltern. Sie sind eine Stütze während der Geburt, geben Sicherheit und stehen Mutter und Kind auch nach der Entbindung mit Rat und Tat zur Seite.

Für die meisten Frauen wird ihre Hebamme zu einer echten Vertrauten. Was der Hebamme ermöglicht, die Bedürfnisse und Wünsche der Schwangeren besser zu verstehen und diese in die Betreuung ganz individuell mit einzubeziehen.

Da es jedoch immer weniger Hebammen gibt, ist es wichtig, möglichst frühzeitig mit der Suche zu beginnen. Freundinnen, die bereits Kinder haben, können dir von ihren Erfahrungen berichten und deine Suche vielleicht erleichtern. Alternativ kann dir vielleicht dein Frauenarzt eine Hebamme empfehlen.

Notizen...

♥

*Das erste
Ultraschallbild*

Der erste Termin beim Frauenarzt

2.

Wie war es?

hCG und Unwohlsein...

Durch das Schwangerschaftshormon hCG kann es besonders in den ersten drei Monaten zu verstärkter Übelkeit kommen. Jedoch reagiert nicht jede Frau gleich: Manche spüren die Schwangerschaftsübelkeit nur mäßig, andere fühlen sich wie bei einer starken Magen-Darm-Grippe.

Sollte es jedoch so schlimm sein, dass du nichts mehr bei dir behalten kannst, zögere nicht, deinen Arzt aufzusuchen. Eventuell ist es nötig, dass du zusätzlich Flüssigkeit oder Vitamine und Mineralien benötigst, damit dein Baby optimal versorgt ist.

Eines solltest du immer im Hinterkopf haben, egal wie krank du dich fühlst: Die Übelkeit schadet weder dir noch deinem Baby und meist ist sie im 2. Trimester vollkommen weg.

Tipps gegen Übelkeit

2.

Tipp 1: Im Bett frühstücken
Leg dir etwas Zwieback oder Kekse ans Bett, das hebt den Blutzuckerspiegel und mildert die Übelkeit.

Tipp 2: Kleine Mahlzeiten
Verteile über den Tag mehrere kleine Mahlzeiten. Das kann gegen die Übelkeit helfen. Vermeide aber zu viel Zucker, fette und stark gewürzte Gerichte.

Tipp 3: „Gerüche" vermeiden
In der Schwangerschaft ist die Nase besonders sensibel, daher können Gerüche schnell zu Übelkeit führen.

Tipp 4: Entspannung
Entspann dich, so oft es geht, vermeide Stress und bewege dich viel an der frischen Luft. Achte auf ausreichend Schlaf.

Liebe
die zu
einem
Wunder
wächst

Platz nur für dich ...

2.

Dritter
Monat

*9. SSW
Dein Baby ist schon so groß
wie eine Weintraube!*

9. bis 12. SSW

♥

Dein Baby braucht immer mehr Platz und auch die Gebärmutter wächst. Dein kleines Bäuchlein wird nun wahrscheinlich sichtbar und deine Hosen werden enger. Vielleicht fühlst du ein leichtes Ziehen oder Stechen im Unterleib – das sind gewöhnlich die Mutterbänder, die sich immer weiter lockern und dehnen, je mehr die Gebärmutter wächst.

Auch in deinem Bauch tut sich einiges, das Gesicht deines Babys wird immer ausgeprägter, seine Gliedmaßen bekommen langsam die richtigen Proportionen und das Geschlecht bildet sich. Es dauert aber noch ein wenig, bis man erkennen kann, ob es ein Junge oder ein Mädchen wird.

In der 12. SSW kann bei deinem Baby die Nackenfaltenmessung vorgenommen werden. Die Untersuchung gibt Hinweise auf mögliche genetische Erkrankungen.

9. SSW

Was beschäftigt dich gerade?

_____
_____
_____
_____
_____
_____
_____
_____

Wie viel kannst du von deinen Füßen sehen?

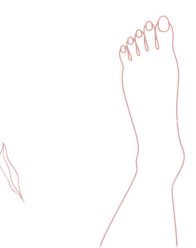

Zeichne deinen Bauch ein

Happy Moment

3.

Hast du seltsame Gelüste oder Abneigungen?

_____

_____

_____

_____

_____

_____

10. SSW

Läuft alles, wie du es dir vorgestellt hast?

_____
_____
_____
_____
_____
_____
_____
_____

Wie hat sich dein Leben verändert, seit du schwanger bist?

_____
_____
_____
_____
_____
_____
_____
_____

Happy Moment

3.

Hast du ein neues Lieblingsessen?

Einmal in die Zukunft geblickt

Wie stellst du es dir vor, Mama zu sein?

_____
_____
_____
_____
_____
_____
_____
_____
_____
_____
_____
_____
_____
_____

3.

11. SSW

Wie geht es dir?

___
___
___
___
___
___
___

Gibt es etwas, dass du vermisst?

___
___
___
___
___
___

Happy Moment

3.

Welche körperlichen Veränderungen hast du festgestellt?

_____
_____
_____
_____
_____
_____

12. SSW

Was beschäftigt dich gerade?

Wie geht es momentan deinem Partner?

Happy Moment

3.

Hast du seltsame Gelüste oder Abneigungen?

_____
_____
_____
_____
_____
_____

Ultraschallbild

Die erste große Ultraschalluntersuchung

3.

Wie war es?

Die besten
Dinge im Leben
brauchen Zeit

Platz nur für dich ...

3.

Vierter
Monat

13. SSW
Dein Baby ist schon so groß
wie eine Limette!

13. bis 16. SSW

Dein Baby wächst rasant, die Organe werden weiter ausgebildet und die Zehen und Finger formen sich. Eventuell kann der Arzt jetzt schon erkennen, ob es ein Junge oder ein Mädchen wird.

Dein Baby wird immer aktiver und vielleicht fühlst auch du dich voller Energie. Die anfängliche Müdigkeit sollte nachgelassen haben und auch die Übelkeit sollte verschwunden sein. Vielleicht kannst du schon die ersten Bewegungen spüren, meist ist es nur ein leichtes Flattern oder Blubbern im Bauch, doch je kräftiger dein Baby wird, desto deutlicher werden die kleinen Tritte.

Mach dir aber keine Gedanken, wenn es etwas länger dauert: Bei der ersten Schwangerschaft dauert es oft etwas länger, bis man die Bewegungen bemerkt.

13. SSW

Läuft alles, wie du es dir vorgestellt hast?

_____
_____
_____
_____
_____
_____
_____
_____

Wie viel kannst du jetzt noch von deinen Füßen sehen?

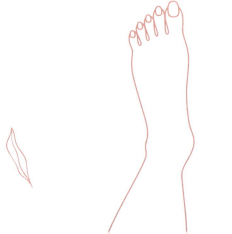

Zeichne deinen Bauch ein

Happy Moment

4.

Hast du ein neues Lieblingsessen?

_____

_____

_____

_____

_____

_____

14. SSW

Wie geht es dir?

___
___
___
___
___
___
___
___

Gibt es etwas, dass du vermisst?

___
___
___
___
___
___
___

Happy Moment

4.

Welche körperlichen Veränderungen hast du festgestellt?

_____

_____

_____

_____

_____

Unvergessliche Erlebnisse

Was möchtest du noch machen, bevor das Baby kommt?

_____
_____
_____
_____
_____
_____
_____
_____
_____
_____
_____
_____
_____
_____
_____

Bucket List für Schwangere

- Eine Babymoon-Reise unternehmen
- Ein Wellness-Wochenende machen
- Einen großen Shopping-Tag machen
- Ins Kino gehen
- Einen Koch- oder Backkurs besuchen
- Zeit mit Freunden verbringen
- Ein Schwangerschaftsfotoshooting machen
- Schick essen gehen
- Ein Buch lesen
- Einen Spa-Tag einlegen
- Ausschlafen und im Bett frühstücken
- Ins Theater gehen
- Einfach gar nichts tun
- Einen Mädelsabend machen
- Ein entspanntes Schaumbad nehmen
- ins Museum oder eine Ausstellung gehen

Also gleich loslegen und planen.
Für eine unvergessliche Kugelzeit!

15. SSW

Was beschäftigt dich gerade?

_____
_____
_____
_____
_____
_____
_____

Wie geht es momentan deinem Partner?

_____
_____
_____
_____
_____
_____
_____

Happy Moment

4.

Hast du seltsame Gelüste oder Abneigungen?

_____
_____
_____
_____
_____
_____

16. SSW

Läuft alles, wie du es dir vorgestellt hast?

_____
_____
_____
_____
_____
_____
_____
_____

Wie hat sich dein Leben verändert, seit du schwanger bist?

_____
_____
_____
_____
_____
_____
_____

Happy Moment

4.

Hast du ein neues Lieblingsessen?

_____
_____
_____
_____
_____
_____

Mit jedem Tag wächst meine Liebe

Platz nur für dich ...

4.

Fünfter Monat

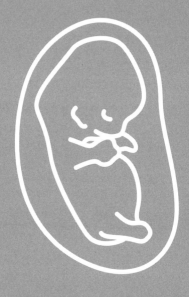

17. SSW
Dein Baby ist schon so groß
wie eine Paprika!

17. bis 20. SSW

Dein Baby ist jetzt etwa 10 bis 15 Zentimeter groß und wiegt bis zu 300 Gramm. Auf der Haut bilden sich feine Haare (das Lanugo), außerdem schützt eine dicke Fettschicht den Körper deines Babys.

Da die Knochen immer fester werden, werden auch die Bewegungen deines Babys immer stärker. Auch kann es inzwischen Geräusche von außen wahrnehmen, wenn du ihm vorsingst, hört es dich.

Bis zur zwanzigsten Woche sollte auch das Geschlecht deutlich erkennbar sein, vorausgesetzt, dein kleiner Wurm will sich auch zeigen. Manche Babys drehen sich bei jedem Ultraschall so ungünstig, dass man bis zur Geburt warten muss.

17. SSW

Wie geht es dir?

_____
_____
_____
_____
_____
_____
_____
_____

Wie viel kannst du von deinen Füßen sehen?

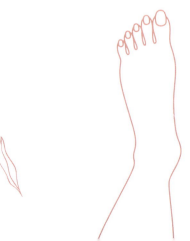

Zeichne deinen Bauch ein

Happy Moment

5.

Welche körperlichen Veränderungen hast du festgestellt?

_____

_____

_____

_____

_____

_____

18. SSW

Was beschäftigt dich gerade?

_____
_____
_____
_____
_____
_____
_____
_____

Wie geht es momentan deinem Partner?

_____
_____
_____
_____
_____
_____
_____

Happy Moment

5.

Hast du seltsame Gelüste oder Abneigungen?

_____
_____
_____
_____
_____
_____

Wünsche und Pläne für das Kinderzimmer

Was stellst du dir vor?

_____
_____
_____
_____
_____
_____
_____
_____
_____
_____
_____
_____
_____
_____
_____

5.

19. SSW

Läuft alles, wie du es dir vorgestellt hast?

_____
_____
_____
_____
_____
_____
_____
_____

Wie hat sich dein Leben verändert, seit du schwanger bist?

_____
_____
_____
_____
_____
_____

Happy Moment

5.

Hast du ein neues Lieblingsessen?

_____
_____
_____
_____
_____
_____

20. SSW

Wie geht es dir?

_____
_____
_____
_____
_____
_____
_____
_____

Gibt es etwas, dass du vermisst?

_____
_____
_____
_____
_____
_____
_____

Happy Moment

5.

Welche körperlichen Veränderungen hast du festgestellt?

_____
_____
_____
_____
_____
_____

Die Freude auf dich erfüllt mein Herz

Platz nur für dich ...

5.

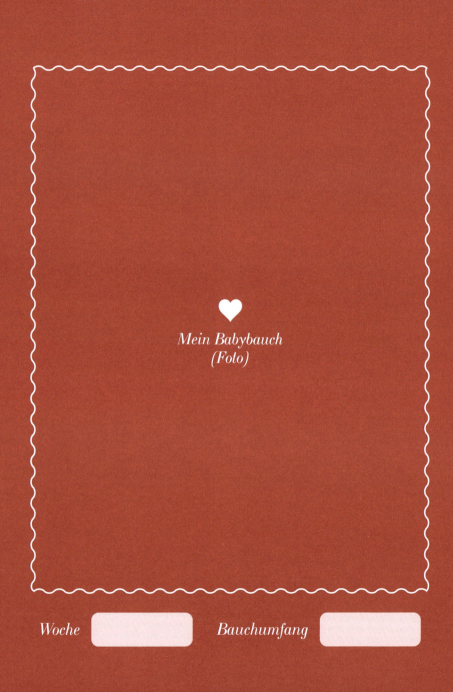

Mein Babybauch
(Foto)

Woche Bauchumfang

Sechster
Monat

21. SSW
*Dein Baby ist schon so lang
wie eine große Karotte!*

21. bis 24. SSW

Die Hälfte ist geschafft!

Dein Baby ist bereits ein vollständiger Mensch, alle Organe sind angelegt, es muss jetzt nur noch wachsen, wachsen und wachsen. Genau wie dein Bauch, wahrscheinlich ist er kaum noch zu kaschieren.

Währenddessen beginnt dein Baby Licht und Schatten wahrzunehmen. Das Fruchtwasser nimmt zu, wodurch es noch mehr Platz für Turnübungen hat und du die kleinen Baby-Tritte immer deutlicher spüren kannst.

Es wird Zeit für die zweite große Ultraschalluntersuchung, bei der dein Arzt die Organe, das Gehirn, das Herz, die Wirbelsäule, die Extremitäten und andere Körperstrukturen deines Babys überprüft, um sicherzustellen, dass es sich normal entwickelt. Außerdem werden die Plazenta und das Fruchtwasser überprüft.

21. SSW

Was beschäftigt dich gerade?

_____

_____

_____

_____

_____

_____

_____

_____

Wie viel kannst du jetzt noch von deinen Füßen sehen?

Zeichne deinen Bauch ein

Happy Moment

Hast du seltsame Gelüste oder Abneigungen?

22. SSW

Läuft alles, wie du es dir vorgestellt hast?

Wie hat sich dein Leben verändert, seit du schwanger bist?

Happy Moment

Hast du ein neues Lieblingsessen?

_____

_____

_____

_____

_____

_____

Die zweite große Ultraschalluntersuchung

Wie war es?

6.

Wohin zur Entbindung?

Viele Kliniken und Geburtshäuser organisieren Infoveranstaltungen, bei denen du dir alles genau anschauen kannst. Du lernst die Hebammen und Ärzte kennen, die dir sicher gerne alle deine Fragen beantworten.

Wenn du entschieden hast, wo dein Baby auf die Welt kommen soll, kannst du dich vorab schon anmelden und deine Unterlagen hinterlegen. So ist alles gut vorbereitet und auch du weißt genau, was auf dich zukommt.

Alternativ kannst du dein Baby natürlich auch Zuhause auf die Welt bringen. Hier solltest du dich eng mit deiner Hebamme abstimmen und alles genau planen.

Am allerwichtigsten ist, dass du dich wohlfühlst, so kannst du dich voll und ganz auf die Geburt konzentrieren.

Notizen ...

23. SSW

Wie geht es dir?

_____
_____
_____
_____
_____
_____
_____
_____

Gibt es etwas, dass du vermisst?

_____
_____
_____
_____
_____
_____
_____

Happy Moment

6.

Welche körperlichen Veränderungen hast du festgestellt?

_____
_____
_____
_____
_____
_____

24. SSW

Was beschäftigt dich gerade?

___
___
___
___
___
___
___
___

Wie geht es momentan deinem Partner?

___
___
___
___
___
___
___

Happy Moment

Hast du seltsame Gelüste oder Abneigungen?

Ich schenke dir mein Herz

Platz nur für dich ...

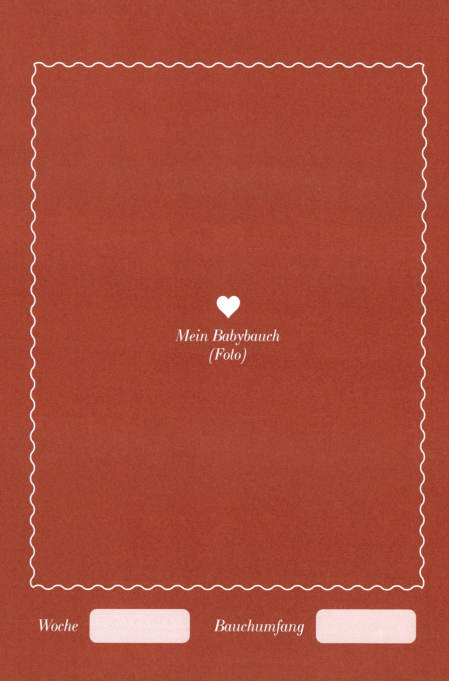

Mein Babybauch
(Foto)

Woche   Bauchumfang

Siebter
Monat

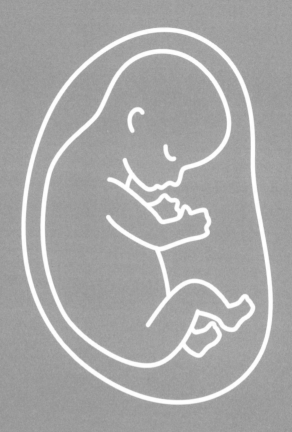

25. SSW
Dein Baby wiegt etwa
so viel wie ein Spaghettikürbis!

25. bis 28. SSW

Dein Baby ist jetzt etwa 30 Zentimeter groß und wiegt bis zu 1000 Gramm. Die Organe reifen weiter und sollte dein Baby frühzeitig auf die Welt kommen, ist es lebensfähig und kann im Brutkasten die fehlende Bauchzeit nachholen.

Natürlich ist es besser, wenn das Baby geschützt in deinem Bauch weiter wachsen und reifen kann. Trotzdem ist es ein wichtiger Meilenstein.

Du leidest derweil eventuell unter Sodbrennen oder Kurzatmigkeit, weil der wachsende Uterus auf den Magen und die Lunge drückt. Lass es daher ruhig angehen, vermeide Stress und achte auf eine ausgewogene Ernährung.

25. SSW

Läuft alles, wie du es dir vorgestellt hast?

―――――――――――――――――――――――
―――――――――――――――――――――――
―――――――――――――――――――――――
―――――――――――――――――――――――
―――――――――――――――――――――――
―――――――――――――――――――――――
―――――――――――――――――――――――
―――――――――――――――――――――――

Wie viel kannst du noch von deinen Füßen sehen?

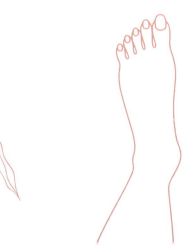

Zeichne deinen Bauch ein

Happy Moment

Hast du ein neues Lieblingsessen?

26. SSW

Wie geht es dir?

_____
_____
_____
_____
_____
_____
_____

Gibt es etwas, dass du vermisst?

_____
_____
_____
_____
_____
_____

Happy Moment

Welche körperlichen Veränderungen hast du festgestellt?

_____
_____
_____
_____
_____
_____

7.

Baby-Erstausstattung

<u>Kleidung</u>
- Bodys (Kurz- und Langarm)
- Strampler
- Schlafanzüge
- Schlafsäcke
- Socken
- Mützen
- Jäckchen oder Pullover (je nach Jahreszeit)

<u>Windeln & Wickelzubehör</u>
- Einwegwindeln oder Stoffwindeln
- Feuchttücher oder Waschlappen
- Wickelunterlagen
- Wickelkommode oder Wickelauflage
- Windeleimer

<u>Schlafen</u>
- Babybett, Beistellbett oder Stubenwagen
- Matratze
- Bettwäsche (Spannbettlaken, Bettdecke, Kissen)

<u>Ernährung (Flasche)</u>
- Fläschchen & Sauger
- Milchpulver
- kleine Thermosflaschen

<u>Ernährung (Stillen)</u>
- Still-BHs & Stilleinlagen
- Still-freundliche Kleidung
- Zubehör zum einfrieren von Muttermilch (Pumpe, Fläschchen, etc.)

Pflege
- Baby-Badewanne
- Babyseife oder -waschlotion
- Handtücher mit Kapuze
- Baby Nagelschere
- Babybürste
- Babyöl oder Lotion
- Wundschutzpflege für den Babypopo

Transport
- Babyschale für das Auto
- Kinderwagen und/oder Babytrage
- Wickeltasche

Sicherheit
- Steckdosensicherungen
- Tür- und Treppengitter
- Kantenschutz für Möbel
- Babyphone

Sonstiges
- Sterilisator für Flaschen und Zubehör
- Stillkissen
- Spucktücher
- kuschelige Babydecke
- Schnuller (falls gewünscht)
- Spielzeug (Spieluhr, Mobile, Schmusetuch etc.)
- Babybuch oder Fotoalbum für Erinnerungen
- Schaukelstuhl (optional)
- Nachtlicht (optional)

_____

_____

_____

_____

27. SSW

Was beschäftigt dich gerade?

___
___
___
___
___
___
___
___

Wie geht es momentan deinem Partner?

___
___
___
___
___
___
___
___

Happy Moment

Hast du seltsame Gelüste oder Abneigungen?

_____
_____
_____
_____
_____
_____

1.

28. SSW

Läuft alles, wie du es dir vorgestellt hast?

_____
_____
_____
_____
_____
_____
_____
_____

Wie hat sich dein Leben verändert, seit du schwanger bist?

_____
_____
_____
_____
_____
_____
_____

Happy Moment

Hast du ein neues Lieblingsessen?

_____
_____
_____
_____
_____
_____

Der Geburtsplan

Wie stellst du dir die Geburt vor?
Was ist dir besonders wichtig?
Was wünschst du dir?

_____

_____

_____

_____

_____

_____

_____

_____

_____

_____

_____

_____

7.

Du bist meine Welt

Platz nur für dich …

7.

♥
*Mein Babybauch
(Foto)*

Woche　　　　　　　　　　Bauchumfang

Achter
Monat

*29. SSW
Dein Baby ist schon so groß
wie ein Rotkohl!*

29. bis 32. SSW

Dein Baby hat den Turbo eingeschaltet und du kannst ihm fast beim Wachsen zuschauen. Durch das zusätzliche Fett kann es seine Körpertemperatur besser regulieren. Die Lunge reift weiter aus um nach der Geburt den Gasaustausch zu ermöglichen.

Außerdem steht demnächst die dritte große Ultraschalluntersuchung an. Dabei kontrolliert dein Arzt das Wachstum und das Gewicht deines Babys und überprüft die Organe auf Anomalien. Er wirft einen Blick auf die Position und Funktionsfähigkeit der Plazenta sowie das Vorhandensein von ausreichend Fruchtwasser.

29. SSW

Wie geht es dir?

_____
_____
_____
_____
_____
_____
_____
_____

Wie viel kannst du noch von deinen Füßen sehen?

Zeichne deinen Bauch ein

Happy Moment

Welche körperlichen Veränderungen hast du festgestellt?

_____
_____
_____
_____
_____

8.

30. SSW

Was beschäftigt dich gerade?

___

Wie geht es momentan deinem Partner?

___

Happy Moment

Hast du seltsame Gelüste oder Abneigungen?

8.

Es wird Zeit die Kliniktasche zu packen

<u>Für die werdende Mutter</u>
- Bequeme Kleidung während der Wehen, idealerweise ein übergroßes Hemd, das man vorne aufknöpfen kann.
- Warme Socken
- Bademantel
- Snacks und Getränke während der Wehen
- Lippenbalsam
- Entspannende Musik
- Kamera oder Handy, um besondere Momente festzuhalten
- Hausschuhe oder rutschfeste Socken
- Ein bequemer BH, ggf. ein Still-BH
- Bequeme Unterwäsche oder Einweg-Slips
- Toilettenartikel wie Zahnbürste, Zahnpasta, Haarbürste, Haargummis, etc.
- (stillfreundliche) Kleidung für den Klinikaufenthalt

Für das Baby
- Kleidung, Mützchen etc.
- Wickeltasche
- Babydecke für den Heimweg
- Autositz

Sonstiges
- Krankenversicherungskarte
- Mutterpass
- Wichtige Telefonnummern
- Bargeld oder Bankkarte
- Etwas zum Zeitvertreib

_____

_____

_____

_____

_____

Informiere dich vorab, was die Klinik oder das Geburtshaus während des Aufenthalts zur Verfügung stellt, meist sind die Basics, wie Windeln, Binden, Strampler etc. vorhanden und müssen nicht mitgebracht werden.

31. SSW

Läuft alles, wie du es dir vorgestellt hast?

___

Wie hat sich dein Leben verändert, seit du schwanger bist?

___

Happy Moment

Hast du ein neues Lieblingsessen?

_____
_____
_____
_____
_____
_____

8.

Die Namensfindung

Lieblingsname (n)

32. SSW

Wie geht es dir?

Gibt es etwas, dass du vermisst?

Happy Moment

Welche körperlichen Veränderungen hast du festgestellt?

_____
_____
_____
_____
_____
_____

8.

Ultraschallbild

Die dritte große Ultraschalluntersuchung

Wie war es?

8.

Bald
halte
ich
dich

Platz nur für dich ...

Mein Babybauch
(Foto)

Woche   Bauchumfang

Neunter
Monat

33. SSW
*Dein Baby wiegt etwa
so viel wie eine Ananas!*

33. bis 36. SSW

Dein Baby bereitet sich, genau wie du, auf die Geburt vor. Vielleicht hat es sich schon gedreht und liegt nun mit dem Köpfchen nach unten.

Etwa ab der 35. Schwangerschaftswoche ist die Lunge fertig ausgereift. Außerdem wird es in den kommenden 4 Wochen mindestens ein halbes Kilo zunehmen.

Dabei wird auch dein Bauch immer größer und du fühlst dich mehr und mehr unförmig. Eventuell hast du Rückenschmerzen und leidest, durch den immer höher werdenden Druck auf die Organe, unter Verdauungsproblemen und häufigem Wasserlassen.

33. SSW

Was beschäftigt dich gerade?

_____
_____
_____
_____
_____
_____
_____

Wie viel kannst du noch von deinen Füßen sehen?

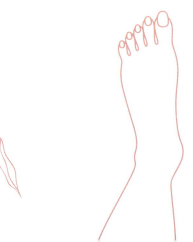

Zeichne deinen Bauch ein

Happy Moment

Hast du seltsame Gelüste oder Abneigungen?

34. SSW

Läuft alles, wie du es dir vorgestellt hast?

_____
_____
_____
_____
_____
_____
_____
_____

Wie hat sich dein Leben verändert, seit du schwanger bist?

_____
_____
_____
_____
_____
_____
_____

Happy Moment

Hast du ein neues Lieblingsessen?

9.

Ein Brief an dein Baby

Erzähle von deinen Hoffnungen und Träumen ...

35. SSW

Wie geht es dir?

_____
_____
_____
_____
_____
_____
_____
_____

Gibt es etwas, dass du vermisst?

_____
_____
_____
_____
_____
_____

Happy Moment

Welche körperlichen Veränderungen hast du festgestellt?

9.

36. SSW

Was beschäftigt dich gerade?

_____
_____
_____
_____
_____
_____
_____
_____

Wie geht es momentan deinem Partner?

_____
_____
_____
_____
_____
_____
_____

Happy Moment

Hast du seltsame Gelüste oder Abneigungen?

9.

Formalitäten vor der Geburt

<u>Mutterschutz</u>
- Benötigte Unterlagen: Formloses Schreiben
- Wo: Arbeitgeber
- Es empfiehlt sich, den Arbeitgeber frühzeitig über die Schwangerschaft zu informieren, damit der Mutterschutz greifen kann.

<u>Mutterschaftsgeld</u>
- Benötigte Unterlagen: Bescheinigung des Frauenarztes über den errechneten Geburtstermin
- Wo: Krankenkasse
- Du kannst das Mutterschaftsgeld frühestens 7 Wochen vor dem errechneten Geburtstermin beantragen.

<u>Elternzeit beim Arbeitgeber beantragen</u>
- Spätestens 7 Wochen vor Beginn musst du deinen Arbeitgeber schriftlich über die geplante Elternzeit informieren.

Vaterschaftsanerkennung
(bei nicht verheirateten Paaren)

- *Benötigte Unterlagen: Geburtsurkunden und Personalausweise beider Elternteile, voraussichtlicher Geburtstermin, der Mutterpass reicht als Nachweis*
- *Wo: Standesamt*
- *Für das gemeinsame Sorgerecht solltet ihr außerdem einen Termin beim Jugendamt vereinbaren.*

Du machst mein Leben bunter

Platz nur für dich ...

Zehnter
Monat

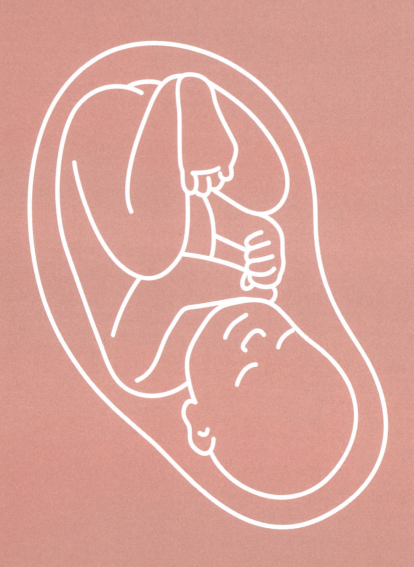

37. SSW
Dein Baby ist schon so lang
wie eine Stange Lauch!

37. SSW bis das Baby da ist!

♥

Endspurt!

*Das Baby rutscht tiefer ins Becken und der Bauch senkt sich. Das entlastet den Magen und du bekommst wieder besser Luft. Würde dein Baby jetzt auf die Welt kommen, wäre es kein Frühchen mehr.
Die meisten Babys kommen aber erst zwischen der 38. und 42. Schwangerschaftswoche zur Welt.*

Vielleicht bist du häufig müde und hast das Bedürfnis nach Ruhe und Schlaf. Das ist ganz normal, der Körper sammelt Kraft für die bevorstehende Geburt.

Auch dein Baby sammelt Kraft für die Anstrengung die vor ihm liegt, daher könnten weniger Kindsbewegungen ein Anzeichen für die bevorstehende Geburt sein, genauso wie Senkwehen, ein verkürzter Gebärmutterhals, vermehrte Rückenschmerzen oder auch ein aktiver Darm.

37. SSW

Läuft alles, wie du es dir vorgestellt hast?

_____
_____
_____
_____
_____
_____
_____
_____

Wie viel kannst du noch von deinen Füßen sehen?

Zeichne deinen Bauch ein

Happy Moment

Hast du ein neues Lieblingsessen?

38. SSW

Wie geht es dir?

_____
_____
_____
_____
_____
_____
_____
_____

Gibt es etwas, dass du vermisst?

_____
_____
_____
_____
_____
_____
_____

Happy Moment

Welche körperlichen Veränderungen hast du festgestellt?

_____
_____
_____
_____
_____
_____

Baby-Flitterwochen oder Wochenbett

Als Wochenbett bezeichnet man die Zeit direkt nach der Geburt. Es dauert etwa 5 bis 8 Wochen, in denen du dich von der Geburt erholen kannst und Zeit hast, dein Baby richtig kennenzulernen.

Wie schon während der Schwangerschaft, wird dich auch hier deine Hebamme begleiten und dir mit Rat und Tat zur Seite stehen.

Du lernst dein Baby richtig zu wickeln, baden und anzuziehen. Auch das Füttern und Schlafen wird eine große Rolle spielen, während du dich ganz darauf einstellst, Mama zu sein.

Checkliste fürs Wochenbett

- Binden für den Wochenfluss.
- Kühlpacks für eventuelle Geburtsverletzungen oder spannende Brüste beim Milcheinschuss.
- Falls du stillst, Still-BH und Stilleinlagen.
- Organisiere Helfer: Statt Geschenke für das Baby, könnten Freunde und Verwandte beispielsweise für dich kochen oder Aufgaben im Haushalt übernehmen.
- Fülle Anträge für z. B. Kindergeld und Elterngeld schon während der Schwangerschaft aus, so musst du nach der Geburt lediglich das Geburtsdatum deines Babys eintragen.
- Melde dich bereits in der Schwangerschaft bei einem Kinderarzt an, da die erste Vorsorgeuntersuchung (U2) bereits drei bis zehn Wochen nach der Geburt stattfinden sollte.
- Sorge für einen gut gefüllten Kühlschrank, damit du nicht kochen musst.

39. SSW

Was beschäftigt dich gerade?

___
___
___
___
___
___
___
___

Wie geht es momentan deinem Partner?

___
___
___
___
___
___

Happy Moment

Hast du seltsame Gelüste oder Abneigungen?

40. SSW

Läuft alles, wie du es dir vorgestellt hast?

Wie hat sich dein Leben verändert, seit du schwanger bist?

Happy Moment

Hast du ein neues Lieblingsessen?

_____

_____

_____

_____

_____

_____

Du trittst mich, du stupst mich, ich lieb dich

Platz nur für dich ...

41. SSW

Wie geht es dir?

_____

_____

_____

_____

_____

_____

_____

_____

Wie viel kannst du noch von deinen Füßen sehen?

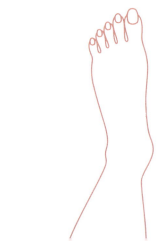

Zeichne deinen Bauch ein

Happy Moment

Welche körperlichen Veränderungen hast du festgestellt?

42. SSW

Was beschäftigt dich gerade?

_____
_____
_____
_____
_____
_____
_____
_____

Wie geht es momentan deinem Partner?

_____
_____
_____
_____
_____
_____

Happy Moment

Hast du seltsame Gelüste oder Abneigungen?

_____
_____
_____
_____
_____
_____

Das Glück trägt deinen Namen

Platz nur für dich …

Dein erstes Foto

Name

Du bist da!

Datum

Uhrzeit

Gewicht

Größe

Kopf

Mama Handabdruck

Baby Handabdruck

Du kannst auch den Umriss eurer Hände nachzeichnen

Formalitäten nach der Geburt

<u>Geburtsurkunde und Anmeldung im Einwohnermeldeamt</u>
- Benötigte Unterlagen: Geburtsbescheinigung der Klinik, elterliche Geburtsurkunden und Personalausweise, die Heiratsurkunde oder die Vaterschaftsanerkennung
- Wo: Standesamt
- Informiere dich, ob das Standesamt auch das Einwohnermeldeamt informiert, falls nicht, musst du dein Baby selbst dort melden. Dafür benötigst du lediglich die Geburtsurkunde.

<u>Anmeldung bei der Krankenkasse</u>
- Benötigte Unterlagen: Geburtsurkunde, Antrag auf Familienversicherung
- Wo: Krankenkasse der Eltern
- Sobald dein Kind bei der Krankenkasse angemeldet ist, bekommt es eine eigene Versicherungskarte.

Elterngeld

- *Benötigte Unterlagen: Elterngeldantrag, Geburtsurkunde, Bescheinigung der Krankenkasse und des Arbeitgebers, Kopie des Personalausweises, Meldebescheinigung, Vordruck „Erklärung zum Einkommen", Steuerbescheide beider Elternteile aus dem Kalenderjahr vor der Geburt des Kindes, Lohn- und Gehaltsnachweise der letzten 14 Monate, evtl. Vaterschaftsanerkennung*
- *Wo: Elterngeldstelle deines Heimatortes*
- *Beantrage das Elterngeld schnellstmöglich, da es nur 3 Monate rückwirkend gezahlt wird.*

Kindergeld

- *Benötigte Unterlagen: Antrag auf Kindergeld, Geburtsurkunde, Steuer-ID der Eltern und des Kindes*
- *Wo: Familienkasse oder Arbeitsamt*
- *Warte mit dem Antrag nicht allzu lange, es wird nur ein halbes Jahr rückwirkend gezahlt.*

_____

_____

_____

_____

Schön dich kennen zu lernen

Die Geburt – So wars…

Unvergessliche Erlebnisse

Was möchtest du mit deinem Baby unbedingt machen?

_____
_____
_____
_____
_____
_____
_____
_____
_____
_____
_____
_____
_____
_____

Bucket List für Mamas

- Babyschwimmen
- Ein selbstgemachtes Baby-Mobile basteln
- Einen Tag lang nur kuscheln und mit deinem Baby verbringen, ohne auf die Uhr zu schauen
- Einen DIY-Hand- oder Fußabdruck deines Babys gestalten
- Eine Liste von Büchern erstellen, die du deinem Baby vorlesen möchtest
- Ein Familien-Fotoshooting planen
- Eine Zeitkapsel mit Erinnerungsstücken für dein Baby erstellen
- Babymassagekurs
- Einen Yoga- oder Mutter-Kind-Fitnesskurs besuchen

Denke daran, dass es bei deiner Bucket List nicht darum geht, alles abzuhaken, sondern vielmehr darum, diese besondere Zeit mit deinem Baby bewusst zu erleben und zu genießen. Jeder Moment ist kostbar und einzigartig.